분명한 모순

국립중앙도서관 출판시도서목록(CIP)

분명한 모순 : 김주현 시집 / 지은이: 김주현. -- 대전 : 오
늘의문학사, 2014
p. ;　cm. -- (문학사랑 시인선 ; 28)

ISBN 978-89-5669-592-1 03810 : ₩10000

한국 현대시[韓國 現代詩]

811.7-KDC5
895.715-DDC21　　　　　　CIP2014002878

분명한 모순

김주현 시집

오늘의문학사

시인의 말

이 시집을 의리와 정(情)에게 바칩니다.

차례_

제2부

제3부

제4부

제1부

질그릇 신부 · 1
— 김수환 추기경

우리는 아기처럼
하라는 대로 해야 합니다.
이 세상 가장 밉고 미운 사람의 발을
닦으라면 닦아야 합니다.
그 분께서
하라는 대로 해야 합니다.

질그릇 신부 · 2

— 김수환 추기경

그 분은
'원수 갚는 일은 내가 하겠다.' 하셨습니다.
참 좋고도 무서운 말씀입니다
죽어도 용서 못 할 사람에게
용서한다고 엎드린 기도의 땀입니다.
이 세상 그 분과 함께
온갖 애로隘路 만나보니
어려움 속에서
사랑의 싹 나옵니다.
너무
너무
파릇합니다.

거름 꽃

두엄 주위
피어난
노란 꽃
붉은 꽃
하얀 꽃….
거름 되는
예쁜 꽃
고운 꽃
작은 꽃….

무상無常

벌써 칠월 중순…
한 것 없이
요만큼 해낸 일 없이
이백스무 마리의 서러운 새를 보냈다.

빈
하늘에는
이백스무 마리의 새가
이백스무 한 마리의 새…

칠월 중순 하고도
몇 날 며칠

날자
날자

첫 날을 향해
첫 날을 향해

훨훨 나는
한 마리 새…

자조自嘲

여우가 방귀 뀌는 것은 들을 만하고
산이 침묵하는 것은 미덥지 않다는 투다.

싫어도
싫어할 수 없는 이 세상.

싫은 그녀와 자주 걷던
저 사랑의 길…

진정眞情으로의 종말을 위해
낙조와 같이 간다.

오, 그래도
잃은 것 없는

빈
쟁반.

조용한 햇빛

겨울 창가의 기도 소리

조금 듣고 있는 수평선

겨울 햇빛 참 곱다

추사체를 보며

퇴고推敲는
글자를 고치는 것이 아녀
그 다음, 다음을
죽일 듯 노려보다
어슬렁 돌아서는
호랑이의 순간인 거여

발표發表,
개 꼬랑지 흔들 듯
하는 것 아녀

멧새

1.
산새는
산에서 놀고
들새는
들에서 놀고
멧새는
울 밖에서도 놀지 않았다.

어머니 펴 놓은 멍석처럼
어머니 손길 따라 움직였다.

2.
멍석 위의 물벼들이
곳간 자루에서 마실 수 있는
물을 말리듯이,
어머니 사시는 집의
어머니 사시는 모습 말고는
아무것도
본 것 없는
몇 마리 멧새…

3.
황토길 불볕 아래
멧새의 까만 눈동자는
작은 나래의 화수분인 듯
이천 원인 콩 한 되 값을
삼천 원 치러주는 분의 손길 손사래 치는
어머니의 저울인 듯
멧새는 작았으나
소보다 부지런하였다.

4.
늦가을 오후는
늙은 툇마루와 도리깨와 깻단과 호박과
열려 있는 사립문.

어머니 가고 없자
어디 가고 없는 멧새…
그 멧새
가끔 숨던
풀숲도 없다

꽃 뜻

꽃핀다함은
앞장 선 봄이 빨랐을 뿐
꽃이 늦은 것은 아니다

지금 피지 못하면 꽃이 아닌 듯
모두 다툰 다음 날
어느덧 피는 꽃 있었으니

궁남지를
잔뜩 품은
연밥 있었으니

꽃핀다함은
얼마든지 늦을 수 있고
얼마든지 늦게 솟구칠 수 있다는 것이다

서럽구나
뼈가 된 시간의 앙금이여.

물결표(~)

점퍼 입은
아산峨山선생
흉상 아래에는
1915~2001
자랑 없이
반짝거리고 있네.
1915~
2001~

* 峨山 : 정주영 전 현대회장.

매미 울음

깊은 밤
소리 없이 빛나는
잔별처럼
작고 흔한 정情 아니면
너에게 요만큼도 주고 싶지 않다.
너에게 주고 싶은 것은
아주 작고 보잘것없는 소리,
그 애통 아니면
주고 싶은 것이 없다
모래와 검불과 먼지를 찬양하라.
빌려 쓰고 있는 몸에는
잠시 빌려 쓰고 있는 목숨
느티나무 아래 한 잠
달고 푸르다.

추회追悔

흔한 오늘은
내게 몇 날 남지 않은 목숨

잘못되었다고 말할 것들이 숲에는 없음을
'아니다'라고 반대할 것들이 별로 없음을

이글이글 다짐하며
떠오르는 태양…

나 더
살 수 없어도

내일의 꿈은
비웃지 않으리.

포말의 섹스

너는 너의 몸을 넘어
크게 일어난다.

문명文明의 껍질처럼

기쁨이 짧은 것은
기쁨이 긴 너의 파장波長.

최대한 단순

사람들은 저를 보고 시원하다 합니다.
결론부터 말씀 드리자면
남을 떠보지 않기 위해서고
최대한 단순하기 위해서였습니다.
사람들을 만나면
어느덧 파헤쳐진 저를 보게 되었습니다.
밥을 먹는 저를 유심히 지켜보는
빛나는 눈길과 마주치게 되었습니다.
교양은 있나 없나
무엇을 알고 일하나 않나…
완벽한 기대에 저는
매번 부응하지 못했습니다.
인정합니다.
철없이 대답하고 행동하는 것은
어쩌면 계산된 의도일 수 있고
또 어쩌면 그렇지 않을 수 있지만
이 한 면의 빛과 저 한 면의 어둠에서도
함부로 살지는 않는다는 것 말입니다.

복잡했습니다.
단순에 이르는 길은 쉽지 않습니다.

나뭇잎 뒤 · 1

가도 가도 닿지 않는 앞은
보지 못한 지금의 뒤

비 오면
비 맞으러 간 나는 젖지 않고

젖는
옷 한 벌

나뭇잎 뒤·2

비오면
젖고 싶은 나의 앞은 나의 뒤

뒤집힌 뒤의 앞도
뒤인 뒤

걸어도 줄지 않는
하얀, 앞

나뭇잎 뒤 · 3

뒤는
사분의 삼이 조용하고
사분의 일이 시끄럽다

앞도
뒤도
푸른 신록

앞도
뒤도
구르는, 옆

그녀의 도화지

— 임봉재 작 누드

그녀의
옆모습은

굴뚝의
점심 연기,

창공의
하얀

실오라기
한 올…

긴 말

이승에서 듣던 것과는 달리
저승은 그렇게 비참하거나 춥지 않았습니다.
그것이 잠시여서 그런지 있을 만 했습니다.
사람이 사람을 배출했다는 주민등록
그때의 저는 아버지 어머니 방에서 눈 떴습니다.
눈 떴다고 지금은 말하지만
갓난아이는 눈떴다고 생각했겠습니까?
중년에 술 마시고 걷다 트럭에 치어
저승 다녀온 적 있습니다.
저승 나들이 끝나고 눈 떴을 때
그곳은 거미줄에 걸린 나비처럼 아득대는 중환자실이었습니다.
주변은 심난하고 어수선하였건만
나는 정녕 평온하다는 느낌만 가득했습니다.
모두다 흉측히 가엾이 여기어도
마음 한가득 풍족한 안녕이 있었습니다.
아!
태어난다는 것은 이런 것이구나?
비로소 받을 수 있었습니다.

말,

쓸모없이 길었습니다.

그 무엇 부러워말고

마음껏 살아야겠습니다.

제2부

구름 의자

구름 의자에 누운
외투 하나

자는 것인가
눈뜬 것인가

둘은
둘에게 관심 없다

허허롭고
허허로운

저 사내의
가벼운 꿈인 양

빈 것으로 채워진
바람 소리,

그것이
초침秒針일 줄이야

언이묵이심言以默而深

사랑은 밤하늘의 뭇별보다 흔한데
움직임이 없다.
얇아서 눈부신 입술아
너는 자못 건방지다.

* 언이묵이심(말은 침묵으로 깊어진다. 조선중기 문신 장유 선생)

물음은 끝나고

나날의 덕장을 나와
나뭇잎도
나뭇가지도 아닌
한 개 장대로 서있는 나무를 본다.
과연
지난 한 해는 무엇이었던가!
아무것도 아닙디다.
세월의 밭을 갈며
수분 잃은 북어처럼 살아왔다는 것은
아무것도 아닙디다.
첫 순갈 그대로 맑은 국인 듯
살아왔다는 것을 놓으니
아무것도 아닙디다.
화장火葬을 하니
뫼자리 아무것도 아닙디다.

스피커

자동차는 마을로 오면서 뽕짝을 뿌렸다
“싸고 맛있는 자반고등어 한 손에 삼천 원.”
싸고 맛있게 쓸고 다녔다.
창문은 닫혀 있었고
“싸고 맛있는 자반고등어 한 손에 삼천 원”은
실망하지도 않았다.
며칠 뒤, 새로운 말이 찾아왔다.
“무안 갯벌에서 갓 잡아 온 세발 낙지가 세 마리에 만 원.”
재생은 반복되고 있었다.

따끈따끈한
책
사야겠다.

철선鐵船 · 1

파도밭에서
이십팔 년을 산
철선.
손가락 사이사이
겨드랑이 사이사이
종아리 사이사이
온 몸 구석구석
노을처럼 번지는 녹물…
철선은
수평선 앞에서
쇠로 울고 있습니다.
바다같이
숨죽이고 있습니다.

철선鐵船 · 2

맑은 물로 씻어주고
고름을 닦아내도
막을 수 없는 힘
꿋꿋이 살아와서
꿋꿋이 흘리는
샛노란 땀…
알키드 페인트 속의
철선은
밖으로 깨끗하다는 것이
마지막 고민입니다.
깨끗해 질 수 없다는 것이
스스로의 감옥입니다.
오!
지치고 멍든
이십팔 년.
바다는
녹물을
철퍽, 철퍽,
받아주고 있습니다.

분명한 모순

포용하나 분명하구나.
애매한 바다안개는 산에서도 모호하구나.
눈이 두 개여서
연이 아니구나.
꽃도 아니구나.

물때

바닷물
들어올 쯤
도로 나가고
또 나갈 쯤 바로 들어와
꼭 필요한 시간은
길지 아니함을 트이게 합니다
이제 갯물 빠졌으니
한참 뒤 돌아오리라 믿는 미련의 발목을
놓으려 하지 않습니다
바다 깊어 말 못합니다
작게 듣고 있어도
넓게 보고 있습니다.

빛의 반대

어둠을 열고
작은 배 나갑니다.
좌 녹등 우 홍등
열린 방파제 나서면
주름진 사람은
빛을 끄고
어둠을 켭니다.
껍질 속 소라처럼 볼 수 없어도
빛이 되는 어둠의 촉으로
물길 머금고 있습니다.
배와 사람은
어둠을 따르고 있습니다.

흔적 없는 길

간출암 같은 물고기는 바다 깊은 곳에 사는 물고기보다 푸르고, 이곳저곳 떠돌아다니는 물고기는 한 곳에 붙박고 사는 물고기보다 쫀득거리나 봅니다.

온실 속 화초는 사람에게만 있는 것이 아닌가 봅니다. 비바람 맞고 모진 서리 이겨가며 봄을 맞는 야생화는 깊은 산골에만 있는 것이 아닌가 봅니다.

물고기들이 지나간 흔적처럼 길은 태어났다 사라지는가 봅니다. 아침저녁으로 붉고 푸른 억조의 바다. 오늘 본 것은 보지 않은 것의 일부도 아닌가 봅니다.

푸른 형제

소나무 잎과 바다물결은
서로 형제라 합니다.
옮겨심기를 꺼리는 성질머리하고
삐죽빼죽한 파도소리 같은 솔잎하며
한결 같은 하나의 고집으로
여럿의 꿈을 심는 빛하며
벼랑보다 더 벼랑 같은 모양새며
소나무와 바다는
같은 뿌리라 합니다.

넘어질 때

센바람 속의 저 배에는
덮쳐오는 파도 맨 처음 보고
맨 처음 떨쳐내는 사람 있습니다.
넘어질 듯 일어나는 모습 먼저 보고
또 먼저 추스르는 사람 있습니다.
조타실에 사람 없습니다.
파묻히는 파도와 일부러 만나기를 바라는 사람 없고
살뜰한 바람만 와주기를 바라는 사람 없습니다.
문득 만날 벼랑 내다볼 수 없어
어느 때라도 이겨내는 사람 있습니다.
두려워도 끝내
두려워하지 않는 사람 있습니다.
그 사람 조타실에 있습니다.

받침목

이 여자
그 여자 앞에서
생리대 간다

그 여잔
이 여자가
밉다.

중심을
그렇게
허물고 싶니…

받침목이
나무보다
붉을 때 있다.

요만큼

나는
어느 날
"툭"하고 갈 것 같아요
그날은 멀지 않다는
예감의 잎이
마음 밭에 무성해요

나는
다른 사람 말은
듣지 않기로 해요
이제부터
나를 위해 살다 가기로 해요

동백꽃은
다른 꽃에게
요만큼도 바라는 게 없어요
요만큼도
동백꽃에게 바라는 게 없어요.

그러고 싶어요

숲 어둠에 내리는 이슬비처럼
살며시 있다
그렇게
"슥"
흩어지고 싶어요

눈곱만큼
숨김 없는
잔바람이 되고 싶어요

도와주세요
하느님
제발
도와주세요

꽃그늘 아래 잠든
저 꽃잎
두 손 모아 줍게
요만큼만
눈감아 주세요.

명부전冥府殿 앞에서

나는 아침에 집 나서듯
그렇게 떠났으면 좋겠어요.
어머니 호미 들고 일하러 나가듯
그렇게 나갔으면 좋겠어요.

쌀보리 빛 같은 달빛
늦은 밥상에 부려 놓고
하늘나라 논두렁 둘러보는 아버지처럼
떠났으면 좋겠어요.

그간 아무 일 없었다고
장닭 한 마리 암탉 다섯 마리
무청 쫓고 있는 텃밭을
눈에 넣고 잠들면 좋겠어요.

그날은 아침이었으면 좋겠어요
텅 빈 툇마루 햇살만 쫑알대는
조용한 날이었으면 좋겠어요.

덧 시詩 · 1

— 자조의 '진정'에 대하여

진정함이란
한 치의 거짓과
한 치의 속셈 없이
내 모든 것을 드리는 것입니다.
다 드려도
요만큼도 아깝지 않고
요만큼도 후회스럽지 않아
더 드리지 못해도
부끄럽지 않은 것입니다.
아무리 주고 주어도
요만큼도 아리지 않은
어머니 물길입니다.

덧 시詩 · 2

— 요만큼의 '나를 위해 살다 가기로 해요'에 대하여

요만큼도
나에게 부끄럽지 않고 부담스럽지 않은 나였다고
늘 품을 수 있다면
나만을 위해 산 것입니다.
그 누군가의 눈물을 빼앗지 않고
그 작은 웃음마저도 깎지 않은 나였다고
늘 쏟을 수 있다면
나를 위해 잘 산 것입니다.
나만 먹고 나만 입고 나만 편히 자기 위해
나 아닌 나의 피를 빨았다면
나를 그대에게 말할 수 없습니다.
오늘밤도 내가 잠들고 있다고 불 밝히는 가로등
나 아닌 내가 올 수도 있다고 잠들지 않는 네온사인
나는 그대의 그 어떤 여백이어서
그대의 무엇을 몰라도 되는 나이어서
나는 그대와 같이 드높이고 싶고
그렇게 즐거이 숨 쉬며
기꺼이 삭제하는 불이고 싶습니다.
그러다~
그러다~

요만큼도 아쉬운 것이 없는 바람처럼
그렇게 잊히기를 요만큼 바라고 있습니다.

덧 시詩 · 3

— 추회의 '「아니다」라고 반대할 것들이 세상에는 없음'에 대하여

당신은 무엇을 반대하겠습니까?
당신은 그것을 반대한다 하나
반대는 당신을 반대하고 있습니다.
당신은 무엇을 「아니다」라고 지목하겠습니까?
당신은 그것이 「아니다」라고 하나
「아니다」는 당신을 「아니다」라고 하고 있습니다.

껍질이 알맹이를 그렇게 부르고 있습니다.

가만 들여다보면
무엇을 반대할 수 없습니다.
우리는 다만 알 수 없는 그 앞에서 동참하고
뒤돌아서서 동의하고 헤어질 뿐입니다.

제3부

눈 먼 거울

등산 잠바에 달린 모자처럼
쓰지 않는 영혼

몸은 다만
옷을 위해 있다.

명색, 사람인 그대가
그러면 쓰나?

문 닫고 손 올리는
마네킹 웃음 하나.

물러가다

여말麗末 도만호 김성우 장군 계셨으니
그 분의 십팔 대 손 주포 선생은
무가구왜武可驅倭라 쓰셨다.

격퇴하다.
멸살하다.
소탕하다.
들끓는 동사動詞를 물리치고
'물러가다'라고 쓰셨다.

물러가다
형용形容은 물러가고
과장誇張은 물러가고
물러가다.

시냇물 옆에서 비 맞다

풀벌레는
나뭇잎 우는 소리에
아는 척 않는다.

우중雨中
천지天地

젖으려니
없는 걱정.

저 집

아무 때든
밥 준다고
표정 없이 밝은
전등 하나!

사람은 자고
사랑은 조는
문 건
저 집!

아들에게

너는
수증기로 밀려오는 밥 냄새

빈 그릇에서도

너의 냄새는 모락모락
식지 않는다.

잘살아라.

밥상의
수저 저분만큼

떨어진 사람이거라.

도래지

물안개 머뭇대는 습지에 앉아
시린 입김 풀어놓고 이삭 줍는 철새.
텃검불 같은 내가 와 앉을 도래지는
노을 떠난 천수만 주막인가.

아!
당분간은
뜨내기 세상
또 어느 낯선 기착지를 향해
꾸역꾸역 날아야 하나.

어디 가도 떠나야 하는 너는
날고 있음이 정착인 허공의 농부
유랑은 정녕 이별의 둥지이던가!

꼬깃꼬깃 하여라
돌아오지 않으려
끝내 돌아가려는 깃털의 독촉이여
한 쪽 깃을 접고
나래치는 다친 의지意志여.

무국

간은 집 간장
반 숟갈

양념이라곤
소금 몇 알

입맛의
왕인 양

훌
짝

마시고
또 내미는 국그릇

오일장

"몇 개 더 넣었슈."
조강糟糠의 웃음 안고
오일장 나서면

다 늦은 저녁이
별을 넣고 달을 넣고
어둠을 고아내고

다음은
부여
장날.

피겨스케이팅

둘은
하나를
가지고
논다.

꽃대 힘줄 늘어나듯
꽃잎 날리듯
터지는
숨.

셋은
셋이 아닌
돔
아래….

행복한 허공

꼬리 무는 철새 행렬
허공은 무거워 잠들지 못하고

반짝 반짝
어깨 주무르는 별

참,
다행이다.

기다림

아이 낳을 때까지
기다려야 합니다.
기다리지 않고 기다리면
어느덧 청벚꽃
기다리면서
아이 낳았고
젖나왔습니다.
아침입니다.
밥 벌러 가는 중입니다.

모자유친母子有親

홍시 먹다
기다란 씨 삼켰다.

이 일을
어쩌지….

“엄마, 씨를 통째로 삼켰어요. 괜찮겠어요.”
“괜찮다마다.”
“왜요.”
“우리가 먹는 쌀도 밥 씨란다.”
“엄마, 그러면 감 씨는 어떻게 돼요.”
“네 마음씨처럼 누구를 걱정하는 ‘사랑’이 되겠지….”

팔자八字

갈림길

외로이

두

송이

꽃

피었네.

뱃살 스님

조기 뱃살은 내장을 감싸고
가장 더럽고 치사한 것들의 늪에서
가장 맛있는 부분의 전부인
고소한 맛 길렀다.

우럭 머리도 그러했다
아무도 안 먹는 우리 집에서는
나처럼 복 받은 인간도 없었다.

그런 어느 날, 법정스님이 입적했고
나는 그가 목어의 뱃살은 아니었을까 하는
북채 같은 젓가락을 집어 보았다.

이윽고 사방四方에
빈
종소리 차려지고

텅.
텅.
잡아

듣는

허상의 맛!

초심지곡初心之曲

죽음은 기절을
구경거리로 내몰지 마십시오.

이만큼
요만큼

잘 살고 싶은 이여
젖 먹던 집에 와서 주무십시오.

어머니 아내 아들 딸 잠든 모습
잠 못 든 어둠의 숨결 번갈아 들어보십시오.

살아있음이란 칡넝쿨처럼 널브러진 것
그렇듯 잠잠하고 위태로운 것,

그 집에 가서
멈추어 보십시오.

한 곡조
비단 마음 훔쳐보십시오.

기절은
부활입니다.

익지 않는 노른자

백월산 해돋이는
프라이팬에 솟은 노른자처럼
밤의 껍질을 깨고 나온
빛의 수줍은 냄새
흰 접시 같은 눈밭을 달구며
해를 먹고 가는 발자국!
오늘이 어떤 날인가 했더니
귓밥 시립도록 차가운 그 자리로
다시 돌아온 새해
올해는 부자 되게 해달라고 기웃거리지 않기로 한다
사는 일은 문득 미끄럽다는 것에
들기름 같은 밑줄을 치기로 한다

오,
맛있겠다!
하루하루

초원에 뛰는 가슴

냉이처럼
푸르게 뛰는 가슴 들판…
완성은 잠시
만족은 잠시…
아름다움은
잠시도 아름답지 않아
끝내 아름답다.

저도 알아요

밥 흘리면
농부아저씨 파란 힘 빠진다
저도 알고 있어요.

노느라 어두운 줄 모르면
엄마 눈에 먹구름 낀다
저도 알고 있어요.

"알아."
알면서 못하는 것도
알고 있어요.

엄마

소낙비 그친
개울에는
달달한 딸기우유

논두렁
물꼬
틀면

"엄마,
맛있어."

먹다 말고
입 닦는
요만한
어린 모!

물과 백조

1.
물결은
솔잎처럼 푸르고
소나무 바라보는 물속은
흰 구름처럼 조용하다

2.
백조 웃으며
잠든 물속에 얼굴 대면
잠에 빠진 물들은
백련 같은 물결로 속삭인다.

3.
물이 있어
백조는
푸른 하늘 바라보고

백조 있어
물은
저 구름 꿈꾼다.

단풍은 나무를 내려오면서

내려가고 보내는 소리
울긋불긋하다.

가지와 단풍은
시냇물 머무는 반석盤石을 마주본다.

"친구, 걱정 마!
함박눈 되어 돌아올게."

"함박눈 녹으면?"
"내가 파릇파릇 움트고 있잖아…"

아기 바람

바람이 걷는다면
걸음마 하는 아기 같을 거야.
바람이 달린다면
엄마 품에 안기는 아기 같을 거야.
우리 동네
뒷산을 내려오는 바람도
벽을 짚고 다가오는 아기처럼
예쁘고 작을 거야.

제4부

산시山詩 · 1

애써 걸어온 길보다
더 쓰라린
눈앞의 산봉우리
간절懇切 다음은
무심無心이라 하네.
만날 듯 보이는
저 끝
만만히 가까워도
산은
한걸음
한걸음
옹알이 같은 숨결로
다가오라 하네.
한 번 더
다가서라 하네.

산시山詩 · 2

봉곡사
만공탑 보고
봉수산 오르고,
수덕사
만공탑 보고
덕숭산 올라 메아리치면,
우리는
하나의 산
이 산
저 산에
어울리는
산 이름도
하나의
산.

산시山詩 · 3

천방산 가면 극정봉 있다고
알려준 것은 봉수산 멧부리

상수리 도토리 몇 알 주어
백월산 다람쥐 갖다 주라고

가는 길 막는 것은
잿길 가을

엎드린 몸 들어
뒷산에 던지네.

산시山詩 · 4

올해도 수고하였다고
올 겨울은 고생스럽겠다고
단풍나무 손잡고
산을 바라보는 산,
내년에는 별일 없이
한 뼘 자란 저 나무들
서로 마주 보며 쓰다듬자고
산을 에워싸는 산,
고이 품은 더덕 한 뿌리
한 삼십년 뒤
슬며시 기슭 차고 나오면
또 한 뿌리 간직하자고
산을 감추는 산,
그 산이면
어디든 반가워
어디든 당신 있어라.

산시山詩 · 5

발길은 길의 마리아.

된비알에 묻은 희미한 흙은
메시아 같은 길의 양수羊水.

오늘밤 나붓이
내려온다는 비에
저 길은 없어질 것이고
그새 태어날 것이고
산은 금줄 걸어
싹 같은 발길만 들어오라 하네.

그대 크고 있네
크지 않고 크고 있네.

산시山詩 · 6

첫걸음 걸음마다 한걸음 낳고
한걸음은 끝내 첫걸음 놓지 않는다.

첩첩 이어지는
한 걸음 길

길은
산이고

산은
길이고

아무
대답 없이

한걸음의 잠식을
마다않는 산.

산시山詩 · 7

흰 눈 오니
머리 감는 산

소나무
참나무

누가 어른이고
누가 아이인지

함박
잊고

그간
별일 다 있었다고

흰 눈 속에
파묻히는 밤.

밤이여
겨울밤이여

엄마 가슴처럼
영원히

영원히
안기고픈

산촌의
작은 가슴이여….

산시山詩 · 8

대홍산 약수터 앞
목련나무 꽃눈 보니
피어난 꽃보다 반갑다
길은 얼음판
임존성 돌아
대련사 극락전 마주하니
극락으로 간
낡은 문살의 단청들
느티나무 가지에 어린다.

산길 돌아
초롱초롱 내려오는 길
우리는
산마을 헛간
보습처럼 기운다.

산시山詩 · 9

산 내려오니
마을이 반기고
마을 나오니
차도가 반기고
차도 벗어나니
손거울 같은 예당저수지

꼭, 올라가야 산인가
꼭, 배를 타야 물에 뜨는가!

이제 보이나니
달님 별님이 산꾼이다.

산시山詩 · 10

올라왔으니
이제부터입니다.
내려왔으니
이제부터입니다.
집에 왔으니
이제부터입니다.

숨,
이제부터입니다.

산시山詩 · 11

나만 생각하면
함량 미달인 세상

길 물으며
반말하는 가게 주인과 실랑이를 했느냐고
여전히 밟고 오라 하는 산

원효봉 본다.
나를 잡아먹지 않으면
내가 아니 된다는 원효봉….

석문봉 그늘 지나 가야봉 이르면
비로소 부끄러운 오늘의 어제.

산시山詩 · 12

집에 이르러
말 잃어버린다.
기분 좋은 말言반찬 준비했건만
산에서 다 까먹고
또 산에 갔다 오셨냐는
말 투정에 웃는다.

사는 일들은 이만큼이면 어떨까?
서로 떨어져 있어도
서로 우러르고 굽어보는 거리는
시냇물 흘러가는 계곡만큼의 넓이와 깊이이면…

산길 시내에 서서
저 구름 같은 물소리 바라본다
짙은 안개 속에서도
한 걸음은 내어주는 산

사람은
그만큼 모자라고
이만큼 여유롭다.

산시山詩 · 13

오지 않으리라 벼르던 봄은
진달래 꽃 두 송이 피우고
섬진강 변 매화 옷고름 푼다

감사하고
숙연하다

그새
두 시간 지었다

못난 사람 못난 소
다랑이 밭 가는 동안

끝내 만나야할
우리의 별천지

산이
산의 뇌를 헐어 보탠
산 아래는….

산시山詩 · 14

산에 와서
왜 여기로 왔을까?
생각해 본 적 없다.
어느 순간에도
기쁘지 아니한 적 없고
힘들여 오기를 잘했다고 되뇌게 하는
유일한 복을 준다.
더 있다 가라
그만 내려가라는 참견도
스스로 하게 하는 산
산은 새를 가질 수 없어
나무도 가질 수 없고
산은 계곡의 물을 가질 수 없어
바위도 가질 수 없고
능선인지 등성이인지 모르고
이 앞에 와 있는 산.
산이
산으로 살고 있는 우리의 산

산시山詩 · 15

산마을
산등성

그늘진
골짝

찬바람 구름 이면
손 흔드는 눈송이

"잘 계셨군요."

요리조리 꽃 피우고
눈밭이 된 토끼 발자국

산시山詩 · 16

봉정암 돌아
백담사 가는 길

꾹, 참고 가는
지친 여인네

아는 듯 아는 듯
주저앉고 싶어도

자주 감자
아린 길

고물고물
이르고자

담潭인 듯
한 설움 도려 놓고

흐르는
푸른 여인네

산시山詩 · 17

한 걸음 떼지 않아
당신은 멀었습니다.

나는 당신을 찾고
당신은 저를 품고

잘했습니다
참 잘했습니다.

서로는 다독이며
서로를 놓아주었습니다.

고맙습니다
참 고맙습니다.

산시山詩 · 18

따뜻하니
문 엽니다.

그냥
열어집디다.

뒷산 한바퀴
돌고 나니

찬 얼굴
붉어집디다.

산시山詩 · 19

오르고
내려가며
올라왔습니다.

내려가고
오르면서
내려왔습니다.

외길
둥근
산길.

산시山詩 · 20

다시 작아지려
크고 있는
소나무 한 그루
이 산 저 산
없는 곳 없습니다.
나날은 나날의 벼랑 있어
이대로 크다 멈추는 것이 크는 것이고
나날은 나날이 섬기는 꿈이 있어
눈서리 보낸 나무들은 숲이 됩니다.
잔뿌리 보입니다.
바위 틈의 작은 노송
드러내 놓고 조용합니다.

가. 시의 부록

벙어리

풀과 나무와 돌과 바람과 별과 지렁이와 사슴과 다슬기와 나비와 쌀과 소라는 꿈처럼 말이 없다. 그 어느 것의 태초와 성장과 쇠퇴와 부흥에도 흙처럼 말이 없다.

세상을 살다보면 본심 아닌 것들의 투정과 꼽사리들의 불평과 오해는 잡음처럼 쉽게 해소되지 않는다. 급기야 부수적이고 비본질적인 것들이 본질적이고 보편적인 일상의 원리를 장악한다.

먹고 산다는 것과 입고 산다는 태양의 본심이 구름과 비에 있다고 선동하는 우산장사의 요란스런 웅변과 같다. 그러나 태양의 본질은 빛에 있다. 비가 와도 눈이 내려도 태양은 거기에 분명 있다.

태양 역시 말이 없다. 구름도 비도 말이 없다. 인간이 듣는 것은 불행이도 신성한 메시아. 인간은 메시아의 해독으로 시끄럽다. 이러쿵 저러쿵! 말없음이 '메시아'의 본질임을 알고 있는 인간이 다만 떠들고 있다. 메시아는 '그 메시아는 조용히'하라는 것임에도 인간은 전혀 조용스럽지 않다. 시와 시인과 독자 중에 시인만 떠들고 있다. 진실로 묵비해야할 시인의 소란이 가중하다.

시인은 죽을 때까지 바위처럼 묵묵해야 한다. 비로소 그때 시는 무성한 잎이 되어 단 한편의 작품을 영글게 하니 말이다. 물론 그 때는 꽃과 잎은 없고 오직 초라한 나신만 있게 한다. 시인의 손은 별고 있어 몸소 올라 딸 수 없는 가지 끝의 까치밥 같은 물렁감 하나 남겨 두니 말이다.

이래도 시인이 좋다고 시인이 되려는가. 최소한 시인은 시에 대하여 순교할 수 있어야 한다. 시인은 그냥 저냥의 물탄 막걸리가 아닌 것이다.

시의 난해

다양한 인생에 대한 존중의 부재는 다양한 인생에 대한 천박을 낳았다. 사농공상. 이중 가장 빈약한 존재는 사이다. 그 다음 빈약한 존재는 농이고 공과 상의 순서다. 상은 다양한 판매의 경로로 말미암아 각 분야별 노련미가 보통을 넘어선 것이다.

시를 짓다보면 우리 사회의 어떤 면을 표출해야한단 말인가. 끝내 시는 사유적이고 괴변적이며 풍경적이거나 푸념적이 된다. 다양한 사회 현상이 정착되지 못한 원인이다.

기본적으로 사회 모든 면면이 능숙하고 여유롭고 장인적이라면 시 혹은 산문의 표출은 수월할 수 있다. 묘사와 함축과 재미를 융합하여 구사할 수 있는 여건이 훨씬 쉽다는 이야기다.

시 하면 함축이다. 함축을 위해서라면 시인의 소신 있는 작법을 파기할 수 있어야 하기 때문이다. 함축의 한 묘사를 위해 산문 다섯 편의 이야기를 버려야 한다. 시각적이고 청각적인 것은 그 다음이니 말이다. 시는 난해하면서 살아남았으나 버림받았다. 독서가 없는 독자에게 평론가는 서정이 어쩌고 묘사가 어쩌고 하면서 뜬 구름 상태로 여전히 머물게 했다. 덩달아 시인도 합세했다.

이제 시는 주지적 예술이면 어떨까? 시가 주지적이면 안 된다고! 묘사가 있어야 한다고! 단음과 단색으로는 음률과 색조를 표출할 수 없다고 굳이 놀랠 일도 아니다.

주지적 묘사 주지적 문장 주지적 감동 주지적 소통. 시의 쟁점은 본래 그런 것이 아니었을까? 다만 문제는 얇아야 한다는 것이다. 주지적이되 얇은 주지. 그것이 시의 주지일 수 있다. 얇다는 것은 부족한 자아 성찰이며 결코 배부를 수 없는 배고픈 미완성의 완성으로의 돌진을 의미한다. 어느 예술이건 자아 근간이 배부를 때는 예술을 고이 접어야 한다. 그것은 최소한이면서 최대한인 예술에 대한 예의이다.

시인이여. 그대의 작품이 기억되기 바라지 마라. 그대는 언제나 시인이었음을 기쁘게 곱씹어라. 시인이여. 너는 우주의 세포. 우주가 있다면 그것은 너의 비천한 활동도 한몫 했으리라. 시인이여. 결코 나서지 마라. 늘 그래왔듯 어느 지상이건 그 지상의 흙 속에서 눈 뜨고 있어라. 시인이여. 의미 없는 시인이여.

시는 부답不答을 따르다

풀과 나무와 돌과 물과 바람과 별과 지렁이와 사슴과 호랑이와 나비와 잠자리와 쌀과 소라는 꿈처럼 말이 없다. 왜. 어떻게, 살아야하는가를 그들은 이미 알고 있다.

답은 대답하지 않는 것이다. 질문과 문제가 없으므로 답은 벌써 없는 것이다.

보라 대지를. 숲을. 사막을. 바다를. 창공을. 말없이 거기 있어 말없이 놀아나는 풀과 나무와 모래와 물결과 구름을. 그들의 밑없이 크고 지는 아득한 침묵의 눈빛을.

시에게 길을 묻다

— 세계야말로 무주물이다. 선점하는 자가 왕인 것이다. 선점은 무한 점유가 아니다. 일시적인 임대일 뿐이다. 세상은 호구가 아니다. 세상은 무주물을 사람에게 빌려주기 때문이다.

무주물은 영원한 착각을 사람에게 공짜로 준다. 세상의 주인은 사람이라는 것을. 그러나 무주물은 바보가 아니다. 사람을 그렇게 교묘히 희롱하기 때문이다.

— 홀가분한 심정을 위해 산다. 아무 까닭도 없이 뿌듯한 가을 찬바람. 이것은 동물인 내가 인간으로서 바라는 지향점이다.

— '쩌르르' 파고들어 앙다문 듯 사지를 오므라들게 하는 기운의 전율. 늘어진 불알을 추스르게 하듯 심정의 해이를 채찍하는 절제. 절제는 장맛비를 뿌리로 머금으며 뱉지 않고 나무와 짐승의 피가 되고, 냇물이 되는 나무의 마음이며 행동이다.

절제는 소나무가 늘 푸르듯 일상적이어야 한다. 비로소 이와 같을 때 일상은 범상치 않다.

이런 시인의 시는 어디 있는가.

— 무심이 움튼 문자의 로켓을 쏜다. 공중의 별만큼 높고 먼 지상의 인간이라는 건조한 행성. 정자에 달린 실오라기 같은 꼬리의 추진력이 애잔하다. 인간을 향한 시는 추락하든지 상승해야 한다. 추락은 양이고 상승은 음이다. 시는 더 추락해야 한다. 보이지 않는 음과 양. 시집은 어느 몽달귀신, 어느 처녀귀신의 성욕이니 말이다.

— 프로메테우스와 예수. 프로메테우스의 간과 예수의 못. 신이 된 인간과 인간이 된 신. 불은 못을 만들고 죽음의 재는 생명의 싹을 튀우고, 인간은 신이 되려하나 죽음의 거름은 풀을 선호한다.

— 정은 감추는 것이 아니다. 기껏 마련해놓고 등 뒤로 숨기는 선물 꾸러미도 아니다. 정은 주고 싶었던 마음으로 장만한 침묵의 나약을 깨뜨리고 살며시 내미는 것이다. 정은 사랑의 완성이다. 사랑의 완성은 애정이다.

사랑만 있고 정이 없는 관계는 불편하고, 정만 있고 사랑 없는 사이는 맹랑하다. 사랑은 감정적이다. 동물로 치자면 얄미운 여우같다. 정은 메주 같고 일소 같다. 사랑이 열무라면 정은 밭고랑이겠다.

정과 사랑이 섞인 인생의 밭. 부부와 자식과 이웃의 관계. 자극적인 사랑이 없다면 무감각적인 정은 도태되었을 일이다. 표면이 어수룩하고 보잘것없는 정에 살가운 사랑이 없다면 세상은 참 꼴불견 일색이었을 일이다. 사랑과 정은 빠르지도 늦지도 않은 숨결로 만난다. 애정의 산소는 언제 어느 때라도 서로 느끼고 서로 까닭 없이 심신을 섞을 준비가 오래전에 끝났다. 정은 저수지이고 사랑은 물이니 말이다. 저수지의 물은 농토로 흘러가듯 사람의 가슴에는 사랑이 스며든다.

메마른 저수지 바닥, 얼마나 볼품없는가. 잔잔하고 시퍼런 물이 있어야 저수지는 아름답다. 이런 것이 시와 시인의 관계일까?

사랑이 지금 당장 오지 아니해도 정은 쉼 없이 물을 채우면서 기다리고 있다는 소식을 까치처럼 지져대야 한다. 그것은 사람을 선점한 정의 사랑스런 노래이겠다.

— 내외를 포용한다. 그러나 흑백은 분명히 한다. 종사 일. 가족 일. 부부의 일. 자식 일. 그리고 시와 산과 술 마시는 일.

— 3이라는 숫자. 천.지.인. 나와 너와 우리. 우리라는 무리 속의 나와 조상과 자식. 자식의 친구와 직업과 꿈. 세상의 기호가 현신한 꼭짓점 빗변 밑변. 3은 서로가 서로의 중심이면서 가장자리다. 3을 스승으로 삼을 만하다.

시상의 압축과 윤기와 풀림. 압축은 표현의 절제이며 윤기는 서정의 여백이고 풀림은 공유다. 시는 3이다.

미심쩍다

시를 향한 짜릿함이 없다. 덩달아 작은 흥분마저 일지 않는다. 당연 시와 나는 계면쩍다. 분명 수십 년 동거동락하며 쓰고 짜고

맵고 시린 동지임에도 시와 나는 시방 어색하다.

나는 시를 읽으려 한다. 그러므로 나는 시를 쓸 까닭 없다. 그렇지만 지금이야말로 숨은 시와 더불어 자족하며 보란 듯 우렁찬 하나의 작품을 태동할 수 있는 때이기도 하다.

의외의 일들

사건 사고는 늘 있어왔고 앞으로도 부침을 거듭할 것이다. 사법기관의 모태를 이루는 것 역시 사건 사고다.

사건 사고는 의외의 일들로부터 시작된다. 불가항력적인 의외의 일과 예측 가능한 것들의 답습으로 인한 의외의 일들과 처음부터 작정한 정확히 맞아 떨어진 일에서도 의외의 일들로 인한 근원을 무시하기 어렵다.

이 의외성은 그 누구도 예방할 수 없다. 이미 발생되었기 때문이다. 똑같은 사안임에도 어떤 의외성은 발생되고 어떤 의외성은 일상의 모습을 유지하고 있다. 후자들은 선자들의 행태를 비난한다. 과연 후자들의 비난은 효험이 있을까? 개인의 지극히 사적인 감정을 통제할 수단은 선자들도 지니고 있지 않다. 따라서 의외의 일들을 만나지 않았거나, 의외의 일들을 꾸준히 회피한 자신들의 현재를 드러내는 물소리 같은 존재의 표출일 뿐이다.

시는 의외의 결과물이다. 누구에게나 공평한 산소를 마시고 숨을 쉬면서 하늘의 존재에 대해 의외의 사고와 의외의 감정을 일으킬 때, 하나의 영감은 나타난다. 의외의 포착과 의외의 색상과 의외의 절제와 의외의 파격이 없다면 예술은 시체이다. 의외의 이질

감을 의외의 공감대로 탐문하고 추적하고 검거하는 일련의 과정이 끝나면 범인은 작가였고 수사관도 작가인 의외의 결과.

시의 세계는 기소와 재판이 없다. 지극히 개인적인 의외의 범주에서 버릴 수 없는 어떤 참고자료로 세상에 방치된다. 시는 오늘이 지나면 아니, 세상의 모든 선행과 의기와 헌신은 오늘이 지나면 참고자료가 된다. 오늘 태어난 시와 선행과 희생과 인내만이 중요한 자료로 구실한다. 오늘도 역시 의외이다. 의외의 발생이다.

움직이는 산

인내는 이성이다. 어쩌면 인내는 이성의 최고이면서 최저인 삶의 본질인지 모른다. 가장 나중에 도달되고 또 가장 나중에 이른 시작과 끝이면서 시작과 끝을 이어가는 길인지도 모른다. 인내는 결코 감정이 될 수 없다. 인내에서의 감정은 순간이다. 순간으로는 인내할 수 없다. 인내는 긴 시간을 긴 시간에 맞춰 나아가지 않으면 안 된다. 인내는 사람이 사람에게 공급하는 산소이다. 인내는 오늘도 내일처럼 살아가고 살아내는, 움직임 없이 움직이는 산의 모습이다. 시는 인내의 산이다.

시인은 무엇일까?

긴 시간 골몰해보니 이것은 알겠다. 온전한 시인은 바로 미친 사람이라는 것을.

시인의 눈에서는 고난의 뼈가 사라진 지 오래다.

시는 결코 철새의 한철 울음을 허공에 인쇄하지 않는다. 시가 되는 것은 허공의 눈물과 목 타는 소리에 매달린 시인의 꿈이면서 현실인 풍만과 빈약이 난무하는 때이다.

그렇다고 좋은 시가 태어나는 것은 아니다. 다만 그럴 때 평상의 시라도 된다는 것이다. 사정이 이러하니 시인은 이 세상에서 걷잡을 수 없는 멍청이나 하는 짓이다.

멍청한 시인의 시를 누가 읽어 감상해 젖어볼까? 이 또한 자연스런 귀결이 아닐 수 없다.

숲이 된 나무

혼자 있는 나무는 스스로를 전지剪枝 하면서 빛과 바람의 모양을 만든다.

무리를 이루는 나무 속에서 서로의 빛 다툼에 치인 나무는 그늘처럼 쓰러져 간다.

시도 그렇다.

세계의 가슴으로

봄바람 따라 꽃 핀 언덕에 간다. 개나리꽃도 목련꽃도 벚꽃도 매화도 그 꽃송이로 그 나무의 전체를 보조하고 있다. 마치 아기의 태어남과 못내 어설픈 몸짓으로 기어 다니는 모습만으로도 세상이

밝아지는 기분이 든다. 꽃 진 오월의 신록은 연두색 신록으로 그 나무에게 그 모든 것을 주고 있다. 조락의 시월이면 그 조락으로 그 나무의 모든 것을 널어주고, 나목의 십이월이면 나목의 빈 가시와 줄기로 그 나무의 헐벗음을 가려주고 있다. 어느 한시도 꽃은 신록은 잎새는 그 나무에게 한 치의 여분도 남기지 않고 언제나 전부를 주었던 것이다.

꽃이 아름답다. 따라서 신록과 낙엽이 아름답다. 따라서 아무것도 없는 그것만 있는 나목이 아름답다.

시와 예술. 예술과 생활은 그러나 늘 읽는 이 없음을 한탄했다. 개나리꽃 진달래꽃처럼, 처음부터 시와 예술에게 전부를 주지 않았음을 미리 시인是認하지 않을 수 없다.

구체적 인간

삶을 어떻게 살 것인가? 누구에게 물어도 답은 없다. 왜 살아야 하는가는 누구에게도 물을 수 없는 것이다.

그 이유는 이렇다.

삶은 유한하여 허망하다면서 불필요한 욕심을 버리라 한다. 늘 사랑하며 살아야 한다고 한다.

과연 그럴까? 그럴 수 있다. 그러나 그 대답처럼 허전하고 맹랑한 것도 없다. 말은 뜬구름이기 때문이다.

아! 도를 깨우치면 무엇에 쓰이나. 사람과 사람에게 유통되지 않는다면 그것도 비통한 일이다.

나는 구체적인 인간이 되라고 한다. 통솔하는 인간이 되지 말고 반드시 중요한 부분이 되라 한다. 그 부분으로 인하여 전체가 움직이기 때문이다. 그 부분은 아무리 보잘 것 없어도 전체에서는 꼭 필요한 핵심이기 때문이다.

자동차는 이미 세상이다. 혹은 신이다. 자동차가 되지 말고 그 속의 어느 나사 하나라도 되는 것이 훌륭한 삶이다. 시가 되기보다 시를 향한 무구한 시심과 시혼과 청빈한 생활이 오히려 좋은 시보다 월등한 것이다. 무와 배추를 기르는 사람. 사과를 가꾸는 사람. 벼루를 만드는 사람. 버스를 운전하는 사람. 미나리와 머위와 두릅을 파는 사람. 책을 빌려주는 사람. 책을 읽어주는 사람. 머리를 깎아주는 사람. 하수구를 뚫는 사람. 빗자루를 만드는 사람. 부엌칼을 만드는 사람. 화분을 만드는 사람. 수선화를 심는 사람. 방풍잎을 따는 사람. 감자를 심는 사람. 별을 보는 사람. 그물을 만드는 사람. 노을을 바라보는 사람. 광어를 잡는 사람. 닭을 기르는 사람. 칼국수를 파는 사람. 박대를 말리는 사람. 소나무를 심는 사람. 라일락 가지를 다듬는 사람…

기왕지사 할 것이면 열심히 하는 사람. 즐겁게 하는 사람. 바라지 않는 사람. 혼자서도 잘 놀 줄 아는 사람…

지겨운 수다쟁이처럼 자신의 그 부분을 언제 어느 때라도 자랑할 수 있는 사람이 구체적 인간이겠다. 타인을 위한 사랑 혹은 자신을 위한 사랑은 그 이후여도 괜찮은 일이다. 뜬구름으로 생각하는 사람의 몸통을 좌지우지해서는 안 될 일이다. 자신의 일 속에서 번민을 극복하고 사랑을 키우며 보다 명쾌한 인생을 살아볼 일이다. 인생은 결코 길을 낼 수 없다. 그릴 수 없다. 다만 보고 느끼면서 배울 뿐이다. 시로써 승화되었다 해도 그것은 온전한 것이 못된다. 시도 이 세상 어설픈 것의 하나인 것이다.

시의 절경

개나리 가지마다 노란 꽃 덕지덕지…
그 줄기마다 파란 잎 드문드문…
이것은 내가 찾던 절경.
꿈에도 그리던 현실.

동백의 낙화

그 끝이 깨끗하고 장엄한 꽃은 동백이다. 동백 낙화의 미학을 능가할 꽃은 과연 어느 꽃일까?

떨어지다 말다, 지다 말다 하는 어느 꽃이 아니다. 동백은 지면 지고 피면 피고, 안 피면 안 피는 결연한 꽃의 무사이다. 그러므로 동백은 꽃이 피었으면 늘 핀 것이고 지었으면 다 진 것이 된다. 물론 다 지었음에도 피는 경우도 있다. 이때도 다 핀 것이고 다 진 경우라고 서슴없이 말할 수 있는 것도 거의 모든 동백의 신념이 그러하기에 가능한 것이리라.

동백은 진이 없다. 그러므로 타는 불을 다른 나무에게로 옮기지 않는다. 탈 수 있는 자신만 타고 만다. 이 얼마나 애통하고 붉은 피의 다짐이란 말인가.

동백나무가 그러하니 동백나무가 타는 연기는 교황이 새롭게 왔음을 알리는 콘클라베스의 연기처럼 성스럽게 하늘로 올라간다.

사람은 흔히 춘백을 동백으로 오인한다. 봄이 춥기 때문이다. 그러나 춘백은 동백이 아니다. 홑꽃잎의 노란 꽃술을 지닌 단순 우아한 동백의 모습이 빛나는 것은 차가운 바람과 눈송이 속에서도 부드럽고 굳센 잎에 듬직한 윤기가 넘치지도 모자라지도 않게 속삭이니 말이다.

금시 이 봄에 누가, 그 누가 말하면서 지나간다.

“동백 잎이 누렇게 떨고 있다고….”

그러나 그런 것이 아니다. 춘백 잎이 봄추위를 못 이겨 얼어붙은 것이다. 춘백은 결코 동백을 모방할 수 없다는 것을 다시 한 번 실감하는 초봄 한낮.

우리는 잎이 같다고 모두 싸잡아 동백이라 한다. 그러면서도 산야는 말이 없고 사람들도 얼굴 붉히지 않는다. 우주와 지상과 인간의 합일이 여기에 있다. 각자 살면서 각자에게 피해를 주지 않는 자유의 질서. 이것이야말로 바로 곧장 타올라서 곧장 떨어지고 마는 동백의 자존심이고, 아무도 지키지 않는 자유의 질서를 실행하는 미비한 혼신의 소리 없는 울림이겠다.

동백. 나는 너를 볼 적마다, 춘백 같은 나의 오늘을 본다. 동백. 너는 시의 부록. 시인 너는 시의 미끼….

부족한 시

시간이 부족하여 그 무엇을 하지 못했다기보다, 귀찮고 짜증난다는 일상의 마법에 길들여졌다는 것이 옳겠다.

퇴고를 거듭하지 못한다. 산은 산이고 물은 물인데, 퇴고는 산이면서 흐르고, 흐르면서 멈춘다.

잘했다. 참 좋다. 새록새록 솟구치는 것은 어쩌다 만나는 타인의 작품이다.

내게도 저와 같은 작품 있다. 어디다 대놓고 발표한 적 없는 처녀작인데, 그 하나는 시를 만난 것이고, 그 둘은 술을 만난 것이고, 그 셋은 산을 만난 것이다.

시와 술과 산을 만나기에만 급급했지 이들과 진정 합치된 적이 없다. 시 하나를 놓고 보더라도 게으르고 얼렁뚱땅 하기가 이만저만이 아니다. 사연이 이와 같으니 대체 그 무엇에 근접이나 할 수 있겠는가.

나날이 느껴 후회한다. 인간에게 있어 시간은 부족한 것이 아님을. 차고 넘치건만 인간은 그저 시간이 없다 한다. 인간이 인간일 수밖에 없는 원천적인 희극이 아닐 수 없다.

아름다움

아름다움은 꽃이 활짝 핀 상태라고 흔하게 여겨왔다. 이제까지 나는 없는 아름다움을 있다고 우긴 바보였다. 꽃은 무조건 아름답다고 노래한 나의 억지는 광신도 수준이다.

아름다움은 저 지난한 결과의 산물인 꽃과 향기만이 아니다. 저 지난한 뿌리와 줄기와 가지와 잎과 씨앗에게도 똑같이 존재한다는 자각의 산물이다. 반인 반수의 유령에서 희노애락이 합일된 하나의 분명한 실체가 아름다움이다.

생활의 아름다움은 무엇일까? 검약과 청빈이다. 없는 사람은 있기 위해 검약하고 청빈해야 하며, 있는 사람은 짬짬이 내어놓기 위해 검약과 청빈해야 한다. 만약 없는 사람이 검약하고 청빈하지 않고 스스로 잘 살려는 노력이 없다면 자신을 있게 하는 정신의 독을 깨고 물을 저장하는 짓이겠다. 또한 있는 사람이 검약하고 청빈하지 않는다면 항문이 없는 진드기처럼 자신의 몸이 스스로 터지는 파멸을 맛볼 일이다.

인류에게 지금 그리고 앞으로도 절실히 요구되는 아름다움은 매란국죽 같은 청빈과 검약이다.

감동

문학에서의 감동이란 감각적이거나 감성적인 것을 뜻하지는 않는다. 그것은 오히려 감동의 일출을 연출하기 위한 도구일 뿐이다.

그렇다면 감동은 무엇으로 이루어진 형태일까? 감동은 이성과 감성이 신랑 각시하여 낳은 아기를 보며 신비롭고 뭉클하고 유쾌한 동요에 휩싸이는 지경이지 싶다.

과연 인간이 뜨겁게 운다고 감동적이라고 말할 수 있는가. 뜨겁게 우는 것은 거짓으로도 얼마든지 할 수 있다. 요는 자기 자신의 심연에서 용솟음치는 뜨거움일 것이다. 그 뜨거움을 받아본 자신이, 자신에게 녹아지는 듯한 체감이 감동이니 말이다.

감동은 끝내 만만치 않다. 사람이 살아보고 겪어보고 이겨낸 다음에서야 문학이 주는 감동과 만날 수 있기 때문이다.

만약 현재의 어느 작가의 작품이 감동적이었다면 그것은 과거의 어느 시점을 중심으로 전개한 것이 분명하다. 문학은 결코 현재 시점으로 현재를 살고 있는 독자에게 감동을 주기에는 역부족한 것이다.

불행히도 현재는 작자의 참고자료이고 이 불행은 작자를 있게 한다.

이월 열하루의 뒷산

찰나도 여유로운 목탁소리…
승려의 염불소리에 허망도 다감하고…
찬바람 파고든 귓밥 만지면
언 꿈에 미끄러지는 마음 길…

시는 격랑과 투쟁한 소출이었고
어느덧 서슬 퍼런 심경은 쇠잔해진다.
마른 영혼에서 돋아나는 젖가슴…
아! 너는 무사가 아니다. 너는 농부다. 하는 외침…

젖 나온다.

거기서 촉촉한 젖 흐른다.
그것이 글인가 싶다.

정(情)

애증은 사랑하면서 미워하는 것이 동시, 동체에서 발생하고 있다. 사랑하면서 사랑한다고 말한다는 것은 거짓일 확률이 높다. 사랑에는 반드시 미움이 동반되어야 하기 때문이다.

반대로 미워하므로 증오밖에 할 수 없다고 하는 것도 신빙성이 없다. 미움 그 자체는 지순한 연민이고 일말의 희망이기 때문이다.

그러므로 정은 위대하다. 사랑하면 하는 대로, 미우면 미운 대로 놔두면서, 암탉이 알을 품듯 저울질하는 저 둘을 다함없이 끌어안고 있으니 말이다. 시의 자연스러움과 닮았다.

영감

놓쳤다.
잡지 않으려했기에 저 많은 새들은 놓치지 않았다.
놓쳤다.
다 잡을 수 없기에 어부는 다음 날 그물을 놓을 수 있었다.
놓쳤다.
놓친 그것을 얻은 작자의 절절한 열매와 씨…
작품은 그런 것인가.

문학은…

지금 먹고 있는 곡식처럼 오래되었어도 문학은 늘 난생 처음의 기록이다. 그래서 문학은 아류에 휩쓸리기 쉽고 방만과 방종의 필치에 현혹되기 쉽다. 반면 문학은 그럼으로 하여 끊임없는 문장의 변신과 행간의 문체로써 깊은 내면을 지면에 새롭게 생산하기도 한다.

문학은 끝까지 난생 처음을 고수하면서, 난생 처음이 아닌, 도가 있어야 한다. 문학의 도는 작가의 고고한 창작 의식으로 독자를 매료시킬 때 드러나는 길이기도 하다. 문학은 습작이 아니다. 다시 말해 문학 작품의 발표는 지나간 시간처럼 되돌릴 수 없는 숙명이 있으므로, 한 작품마다 일생일대의 결전같은 비장함이 아니고서는 작자의 집 밖을 나설 수 없는 것이다. 독자는 천금 같은 글을 원하는 것이지 작자의 넋두리나 낙서나 무성의의 남발을 환대하는 것이 아니다. 적어도 작가는 취미로 작품을 해서는 곤란하다.

창작의 고향

창작은 늘 빈곳에서, 배고픔에서, 외로움에서 시작되고 끝이 난다.
창작의 신기가 빠진 작자여
지금 힘들어도 꿋꿋이 하는 것이 그나마 쉬운 일임을 명심하자.
창작은 본래 그런 것이다.

시인의 영혼

시인의 영혼에는 수도자와 나그네와 도망자가 있어야 한다. 셋은 하나가 되고, 하나는 연일 각자 놀아야 한다. 연일 도망자는 수도자가 되고 수도자는 나그네가 되고 나그네는 도망자가 되어야 한다.

어느 때는 도망자를 길게 할 수 있고 수도자를 짧게 할 수 있다. 나그네를 깊게 할 수 있고 도망자를 얕게 할 수 있다. 이런 것은 방법의 차이이며 작시하게 한 충격의 여파이다. 따라서 역할의 중요성이 중요한 것이 아니라 시시각각 역할의 교대가 주는 새롭고 진지한 것의 예술로의 탄생이 가져다주는 삶의 평이성에 그 가치가 있겠다.

시는 삶의 고매와 초극을 표방하는 듯해도 시는 사람의 뇌리에 어렵게 자리 잡은 산다는 것의 불확실성과 그로 인하여 부풀려진 번민과 두려움과 너무도 인위적인 도덕과 신이라는 절대적인 것들을 자연스럽게 받아들이고 살아가는 것이 어떠하냐는 것에 주된 목적이 있다 하겠다.

즉 시는 삶의 자연을 지향하려는 얼굴 붉은 인간에게 주는 어느 인간의 조촐한 새참 정도인 것이다. 당연히 시의 주식은 산다는 것이다.

나. 분명한 부록

1. 분명한 모순

연은 시궁창을 포용하나 연꽃은 분명하다. 그리하여 연못은 꽃천지가 된다. 홀로 자유롭고 자연스런 삶이란 연처럼 그 모든 것을 받아들이나 연꽃 향기처럼 분명한 것.

빛은 그늘을 감싸 안으나 빛은 그늘을 빛이라 하지 않고, 석양은 늙어 힘없음을 받아들이나, 힘없음의 비애를 탓하지 않는다.

오십 줄에 걸린 빨래 같은 나. 줄을 벗어나려 발버둥치지 않는다. 신의 허벅지와 소매 자락 끝에 기생해도 설움을 부끄러이 여기지 않는다.

삶이 나를 포용해도 내가 삶을 포용해도, 할 수 없는 것은 할 수 없는 것. 가을의 마지막과 겨울의 시작은 눈썹의 달리기보다 빠르고, 지나온 고뇌와 인고의 경험을 망각은 없었던 일이라며 '문득' 가르친다.

이 또한 다소곳이 받들고 나는 분명히 당연하다.

바람을 보았으나 그리지 아니하고 바람 소리를 들었으나 담아두지 않는다. 연으로 태어나게 한 시의 답이 분명하다. 그러나 시인은 시원찮다. 시궁창의 냄새는 아직도 역겹기만 하고 못의 얼룩은 혀를 오염시킨다. 덕지덕지 붙은 물의 범람. 장맛비에 잠긴 미나리꽝의 미나리 잎은 또 한 번의 청정한 비가 없다면 잎은 말라 시들어 버리겠다.

아! 연못. 내 것이 아닌 연꽃. 나는 연꽃 아님이 분명하다.

안개는 애매모호함을 껴안았으나 분별할 수 없음이 분명하고, 연은 시궁창을 감싸 안았으나 향기로움이 진동하는 분명한 이 모순. 이 모순을 희비의 융합이라고 잠정 보류한다.

2. 분명한 모순과 언이묵이심

또 있다. 저 별들은 말없어도 사랑의 빛이 온유하건만, 말만 하는 사람의 흔한 사랑은 입 밖을 나서자마자 흔적도 없다. 보일 듯 보이지 않는 안개 속은, 보일 듯 보이지 않는 안개 바깥과 같다. 그리하여 연약한 안개는 어둠보다, 된바람보다 무섭고 강한 생물이 된다.

3. 언이묵이심과 포말의 섹스

사람은 입이 있어 어중간하다. 욕망이 있어 기적은 죽지 않는다. 바다 사나이의 발기는 요술이 아닐 수 없다. 그저 그런 것이 성질 날 때 비누거품은 오색 빛깔을 띠며 어느 절벽을 날고, 저 먼 수평선 뒤에서 몰려오는 파도의 발동을 위해 파장의 기쁨은 짧다.

4. 자선 대표시

이 시집의 대표작은 山詩 · 10이다. 무색무취한 물과 같아 유색유취한 물그림자 같고, 유색유취한 물그림자 같아 무색무취한 물이라서 그렇다.

아무런 맛도 없으면서 수만 가지 맛을 느끼게 하고, 수만 가지 맛을 내면서도 담담하고 싱거운 물로 돌아와 있으니 말이다.

그것은 마치 무색무취의 공기 속으로 밤꽃 향기가 오면, 무덤덤한 심정은 향긋한 내음에 화사한 유색유취가 되는 것과 같다. 그리고 이내 바람이 삿아들변 늘 숨 쉬었넌 공기의 무색무취한 의연한 자세는 다시 산의 모습으로 유색유취하고 산의 기운으로 무색무취하다.

「산시山詩 · 10」 은 결코 한 단어 한 시구 그 어디에도 어렵거나 가당찮은 수식이 없다. 유곡의 물이요, 능성이의 바람이요, 분지의 하얀 억새의 소소함일 뿐이다.

탈이라면 맹물처럼 단순하고 싱겁다는 것이다. 그러나 시는 해몽. 꿈보다 해몽이 좋은 것이 시이다. 시는 해몽이 기가 막히게 좋아야 한다. 좋게 나오도록 몰아야 한다. 닭장으로 닭을 몰고, 풀밭으로 소를 몰듯 말이다.

꽃밭으로 내몰린 나비들이 '덩실'거리듯, 밑도 끝도 없는 꿈 풀이가 주름잡아야 한다. 그것이 가능한 시가 좋은 시다.

「산시山詩 · 10」 의 기초는 「산시山詩 · 1」 이다. 「산시山詩 · 1」를 한마디로 정리하면 '한걸음'이다. '한걸음'은 비로소 둥지를 박차고 비상하는 새의 날갯짓처럼 갇힘과 안주에서의 결별이다. 그리고 마침내 '한걸음'은 여정의 고난을 불식하고 '한 번 더' 다가오라는 믿음을 오히려 산에게 선사한다.

산은 시에게 말한다. 우리 사이 저 계곡의 깊이와 너비로 남자고.

분명한 모순

김주현 시집

발 행 일 | 2014년 2월 15일
지 은 이 | 김주현
발 행 인 | 李憲錫
발 행 처 | 오늘의문학사
출판등록 | 제55호(1993년 6월 23일)

주 소 | 대전광역시 동구 삼성1동 125-6 한밭오피스텔 401호
전화번호 | (042)624-2980
팩시밀리 | (042)628-2983
홈페이지 | http://www.lito77.co.kr(홈페이지)
전자우편 | hs2980@hanmail.net

공 급 처 | 한국출판협동조합
주문전화 | (070)7119-1741~2
팩시밀리 | (031)944-8234~6

ISBN 978-89-5669-592-1
값 10,000원

* 이 책은 전자책(교보문고)으로도 제작되었습니다.
* 잘못된 책은 바꾸어 드립니다.